```
I0177232
```

PREFÁCIO

A coleção de frases de viagem "Vai tudo correr bem!" publicada pela T&P Books é concebida para pessoas que vão ao estrangeiro em viagens de turismo e negócios. Os livros de frases contêm o que é mais importante - o essencial para uma comunicação básica. Este é um conjunto indispensável de frases para "sobreviver" no estrangeiro.

Este Guia de Conversação irá ajudá-lo na maioria das situações em que precise de perguntar alguma coisa, obter direções, saber quanto custa algo, etc. Pode também resolver situações de difícil comunicação onde os gestos simplesmente não ajudam.

Este livro contém uma série de frases que foram agrupadas de acordo com os tópicos mais relevantes. Também encontrará um mini dicionário com palavras úteis - números, tempo, calendário, cores ...

Leve consigo para a estrada o Guia de Conversação "Vai tudo correr bem!" e terá um companheiro de viagem insubstituível, que irá ajudá-lo a encontrar o seu caminho em qualquer situação e ensiná-lo a não recear falar com estrangeiros.

TABELA DE CONTEÚDOS

T&P Books Publishing

Coleção Guias de Conversação
"Vai tudo correr bem!"

T&P Books Publishing

GUIA DE CONVERSAÇÃO
— HOLANDÊS —

AS PALAVRAS E AS FRASES MAIS ÚTEIS

Este guia de conversação
contém frases e perguntas
comuns essenciais para uma
comunicação básica
com estrangeiros

Andrey Taranov

T&P BOOKS

Frases + dicionário de 250 palavras

Guia de Conversação Português-Holandês e mini dicionário 250 palavras

Por Andrey Taranov

A coleção de frases de viagem "Vai tudo correr bem!" publicada pela T&P Books é concebida para pessoas que vão ao estrangeiro em viagens de turismo e negócios. Os livros de frases contêm o que é mais importante - o essencial para uma comunicação básica. Este é um conjunto indispensável de frases para "sobreviver" no estrangeiro.

Também encontrará um mini dicionário com 250 palavras úteis necessárias para a comunicação do dia a dia - os nomes dos meses e dias da semana, medidas, membros da família e muito mais.

Editora T&P Books
www.tpbooks.com

ISBN: 978-1-78492-582-6

Este livro também está disponível em formato E-book.
Por favor visite www.tpbooks.com ou as principais livrarias on-line.

PRONÚNCIA

Alfabeto fonético T&P	Exemplo Holandês	Exemplo Português
[a]	plasje	chamar
[ã]	kraag	rapaz
[o], [ɔ]	zondag	noite
[o]	geografie	lobo
[õ]	oorlog	albatroz
[e]	nemen	metal
[ẽ]	wreed	plateia
[ɛ]	ketterij	mesquita
[ɛ:]	crème	plateia
[ə]	tachtig	milagre
[i]	alpinist	sinónimo
[ĩ]	referee	cair
[Y]	stadhuis	questionar
[œ]	druif	orgulhoso
[ø]	treurig	orgulhoso
[u]	schroef	bonita
[ʉ]	zuchten	nacional
[ũ]	minuut	trabalho
[b]	oktober	barril
[d]	diepte	dentista
[f]	fierheid	safári
[g]	golfclub	gosto
[h]	horizon	[h] aspirada
[j]	jaar	géiser
[k]	klooster	kiwi
[l]	politiek	libra
[m]	melodie	magnólia
[n]	netwerk	natureza
[p]	peper	presente
[r]	rechter	riscar
[s]	smaak	sanita
[t]	telefoon	tulipa
[v]	vijftien	fava
[w]	waaier	página web

Alfabeto fonético T&P	Exemplo Holandês	Exemplo Português
[z]	zacht	sésamo
[dʒ]	manager	adjetivo
[ʃ]	architect	mês
[ŋ]	behang	alcançar
[tʃ]	beertje	Tchau!
[ʒ]	bougie	talvez
[x]	acht, gaan	arte

LISTA DE ABREVIATURAS

Abreviaturas do Português

adj	-	adjetivo
adv	-	advérbio
anim.	-	animado
conj.	-	conjunção
desp.	-	desporto
etc.	-	etecetra
ex.	-	por exemplo
f	-	nome feminino
f pl	-	feminino plural
fem.	-	feminino
inanim.	-	inanimado
m	-	nome masculino
m pl	-	masculino plural
m, f	-	masculino, feminino
masc.	-	masculino
mat.	-	matemática
mil.	-	militar
pl	-	plural
prep.	-	preposição
pron.	-	pronome
sb.	-	sobre
sing.	-	singular
v aux	-	verbo auxiliar
vi	-	verbo intransitivo
vi, vt	-	verbo intransitivo, transitivo
vp	-	verbo pronominal
vt	-	verbo transitivo

Abreviaturas do Holandês

mv.	-	plural

Artigos do Holandês

de	-	género comum
de/het	-	neutro, género comum
het	-	neutro

T&P
BOOKS

GUIA DE
CONVERSAÇÃO
HOLANDÊS

Esta secção contém frases
importantes que podem vir
a ser úteis em várias
situações da vida real.
O Guia de Conversação irá
ajudá-lo a pedir orientações,
esclarecer um preço,
comprar bilhetes e pedir
comida num restaurante

T&P Books Publishing

CONTEÚDO DO GUIA DE CONVERSAÇÃO

T&P Books Publishing

O mínimo

Desculpe, ...	**Pardon, ...** [par'dɔn, ...]
Olá!	**Hallo.** [halɔ]
Obrigado /Obrigada/.	**Bedankt.** [bə'dankt]
Adeus.	**Tot ziens.** [tɔt zins]
Sim.	**Ja.** [ja]
Não.	**Nee.** [nē]
Não sei.	**Ik weet het niet.** [ik wēt ət nit]
Onde? | Para onde? | Quando?	**Waar? | Waarheen? | Wanneer?** [wār? | wār'hēn? | wa'nēr?]

Preciso de ...	**Ik heb ... nodig** [ik hɛp ... 'nɔdəx]
Eu queria ...	**Ik wil ...** [ik wil ...]
Tem ...?	**Hebt u ...?** [hɛpt ju ...?]
Há aqui ...?	**Is hier een ...?** [is hir en ...?]
Posso ...?	**Mag ik ...?** [max ik ...?]
..., por favor	**... alstublieft** [... alstu'blift]

Estou à procura de ...	**Ik zoek ...** [ik zuk ...]
casa de banho	**toilet** [twa'lɛt]
Multibanco	**geldautomaat** [xɛlt·autɔ'māt]
farmácia	**apotheek** [apɔ'tēk]
hospital	**ziekenhuis** [zikənhœys]
esquadra de polícia	**politiebureau** [pɔl'litsi bʉl'rɔ]
metro	**metro** ['metrɔ]

táxi	**taxi** [taksi]
estação de comboio	**station** [sta'tsjɔn]

Chamo-me ...	**Ik heet ...** [ik hēt ...]
Como se chama?	**Hoe heet u?** [hu hēt ju?]
Pode-me dar uma ajuda?	**Kunt u me helpen alstublieft?** [kʉnt ju mə 'hɛlpən alstʉ'blift?]
Tenho um problema.	**Ik heb een probleem.** [ik hɛp en prɔ'blēm]
Não me sinto bem.	**Ik voel me niet goed.** [ik vul mə nit xut]
Chame a ambulância!	**Bel een ambulance!** [bɛl en ambʉ'lansə!]
Posso fazer uma chamada?	**Mag ik opbellen?** [max ik ɔ'bɛlən?]

Desculpe.	**Sorry.** ['sɔri]
De nada.	**Graag gedaan.** [xrãx xə'dãn]

eu	**Ik, mij** [ik, mɛj]
tu	**jij** [jɛj]
ele	**hij** [hɛj]
ela	**zij** [zɛj]
eles	**zij** [zɛj]
elas	**zij** [zɛj]
nós	**wij** [wɛj]
vocês	**jullie** ['juli]
você	**u** [ju]

ENTRADA	**INGANG** [inxaŋ]
SAÍDA	**UITGANG** [œytxaŋ]
FORA DE SERVIÇO	**BUITEN GEBRUIK** [bœytən xə'brœyk]
FECHADO	**GESLOTEN** [xə'slɔtən]

ABERTO	**OPEN** [ˈopən]
PARA SENHORAS	**DAMES** [daməs]
PARA HOMENS	**HEREN** [ˈherən]

Perguntas

Onde? **Waar?**
[wār?]

Para onde? **Waarheen?**
[wār'hēn?]

De onde? **Vanwaar?**
[van'wār?]

Porquê? **Waar?**
[wār?]

Porque razão? **Waarom?**
[wā'rɔm?]

Quando? **Wanneer?**
[wa'nēr?]

Quanto tempo? **Hoe lang?**
[hu laŋ?]

A que horas? **Hoe laat?**
[hu lāt?]

Quanto? **Hoeveel?**
[huvēl?]

Tem ...? **Hebt u ...?**
[hɛpt ju ...?]

Onde fica ...? **Waar is ...?**
[wār is ...?]

Que horas são? **Hoe laat is het?**
[hu lāt is ət?]

Posso fazer uma chamada? **Mag ik opbellen?**
[max ik ɔ'bɛlən?]

Quem é? **Wie is daar?**
[wi is dār?]

Posso fumar aqui? **Mag ik hier roken?**
[max ik hir 'rɔkən?]

Posso ...? **Mag ik ...?**
[max ik ...?]

Necessidades

Eu gostaria de ...	**Ik zou graag ...** [ik 'zau xrāx ...]
Eu não quero ...	**Ik wil niet ...** [ik wil nit ...]
Tenho sede.	**Ik heb dorst.** [ik hɛp dɔrst]
Eu quero dormir.	**Ik wil gaan slapen.** [ik wil xān 'slapən]

Eu queria ...	**Ik wil ...** [ik wil ...]
lavar-me	**wassen** [wasən]
escovar os dentes	**mijn tanden poetsen** [mɛjn 'tandən 'putsən]
descansar um pouco	**even rusten** [evən 'rʉstən]
trocar de roupa	**me omkleden** [mə 'ɔmkledən]

voltar ao hotel	**teruggaan naar het hotel** [te'rʉxxān nār hɛt hɔ'tɛl]
comprar ...	**... kopen** [... 'kɔpən]
ir para ...	**gaan naar ...** [xān nār ...]
visitar ...	**bezoeken ...** [bə'zukən ...]
encontrar-me com ...	**ontmoeten ...** [ɔnt'mutən ...]
fazer uma chamada	**opbellen** [ɔ'bɛlən]

Estou cansado /cansada/.	**Ik ben moe.** [ik bɛn mu]
Nós estamos cansados /cansadas/.	**We zijn moe.** [we zɛjn mu]
Tenho frio.	**Ik heb het koud.** [ik hɛp ət 'kaut]
Tenho calor.	**Ik heb het warm.** [ik hɛp ət warm]
Estou bem.	**Ik ben okay.** [ik bɛn ɔ'kɛj]

Preciso de telefonar.

Ik moet opbellen.
[ik mut ɔ'bɛlən]

Preciso de ir à casa de banho.

Ik moet naar het toilet.
[ik mut nãr ət twa'lɛt]

Tenho de ir.

Ik moet weg.
[ik mut wɛx]

Tenho de ir agora.

Ik moet nu weg.
[ik mut nʉ wɛx]

Perguntando por direções

Desculpe, ...

Pardon, ...
[par'dɔn, ...]

Onde fica ...?

Waar is ...?
[wãr is ...?]

Para que lado fica ...?

Welke richting is ...?
['wɛlkə 'rixtiŋ is ...?]

Pode-me dar uma ajuda?

Kunt u me helpen alstublieft?
[kʉnt ju mə 'hɛlpən alstʉ'blift?]

Estou à procura de ...

Ik zoek ...
[ik zuk ...]

Estou à procura da saída.

Waar is de uitgang?
[wãr is də 'œʏtxaŋ?]

Eu vou para ...

Ik ga naar ...
[ik xa nãr ...]

Estou a ir bem para ...?

Is dit de weg naar ...?
[is dit də wɛx nãr ...?]

Fica longe?

Is het ver?
[iz ət vɛr?]

Posso ir até lá a pé?

Kan ik er lopend naar toe?
[kan ik ɛr 'lɔpənt nãr tu?]

Pode-me mostrar no mapa?

Kunt u het op de plattegrond aanwijzen?
[kʉnt ju ət ɔp də platə'xrɔnt 'ãnwɛjzən?]

Mostre-me onde estamos de momento.

Kunt u me aanwijzen waar we nu zijn?
[kʉnt ju mə 'ãnwɛjzən wãr wə nʉ zɛjn]

Aqui

Hier
[hir]

Ali

Daar
[dãr]

Por aqui

Deze kant uit
[dezə kant 'œʏt]

Vire à direita.

Rechtsaf.
[rɛxts'af]

Vire à esquerda.

Linksaf.
[linksaf]

primeira (segunda, terceira) curva

eerste (tweede, derde) bocht
[ērstə ('twēdə, 'dɛrdə) bɔxt]

para a direita	**rechtsaf** [rɛxts'af]
para a esquerda	**linksaf** [linksaf]
Vá sempre em frente.	**Ga rechtuit.** [xa 'rɛxtœʏt]

Sinais

BEM-VINDOS!	WELKOM! ['wɛlkɔm!]
ENTRADA	INGANG [inxaŋ]
SAÍDA	UITGANG [œɣtxaŋ]

EMPURRAR	DRUK [drʉk]
PUXAR	TREK [trɛk]
ABERTO	OPEN ['ɔpən]
FECHADO	GESLOTEN [xə'slɔtən]

PARA SENHORAS	DAMES [daməs]
PARA HOMENS	HEREN ['herən]
HOMENS, CAVALHEIROS (m)	HEREN (m) ['herən]
SENHORAS (f)	DAMES (v) [daməs]

DESCONTOS	KORTINGEN ['kɔrtiŋən]
SALDOS	UITVERKOOP [œɣt'vɛrkōp]
GRATUITO	GRATIS [xratis]
NOVIDADE!	NIEUW! [niu!]
ATENÇÃO!	PAS OP! [pas ɔp!]

NÃO HÁ VAGAS	ALLE KAMERS BEZET [ale 'kamərs bə'zɛt]
RESERVADO	GERESERVEERD [xərezɛr'vērt]
ADMINISTRAÇÃO	ADMINISTRATIE [administ'ratsi]
ACESSO RESERVADO	UITSLUITEND PERSONEEL [œɣtslœɣtənt pɛrsɔ'nēl]

CUIDADO COM O CÃO	**PAS OP VOOR DE HOND!** [pas ɔp vōr də hɔnt!]
NÃO FUMAR!	**VERBODEN TE ROKEN!** [vər'bɔdən tə 'rɔkən!]
NÃO MEXER!	**NIET AANRAKEN!** [nit 'ānrakən!]
PERIGOSO	**GEVAARLIJK** [xe'vārlək]
PERIGO	**GEVAAR** [xe'vār]
ALTA TENSÃO	**HOOGSPANNING** [hōxs'paniŋ]
PROIBIDO NADAR	**VERBODEN TE ZWEMMEN** [vər'bɔdən tə 'zwemən]

FORA DE SERVIÇO	**BUITEN GEBRUIK** [bœytən xə'brœyk]
INFLAMÁVEL	**ONTVLAMBAAR** [ɔnt'flambār]
PROIBIDO	**VERBODEN** [vər'bɔdən]
PASSAGEM PROIBIDA	**VERBODEN TOEGANG** [vər'bɔdən 'tuxaŋ]
PINTADO DE FRESCO	**NATTE VERF** [natə vɛrf]

FECHADO PARA OBRAS	**GESLOTEN WEGENS VERBOUWING** [xə'slɔtən 'wexəns vər'bauwiŋ]
TRABALHOS NA VIA	**WERK IN UITVOERING** [wɛrk in œyt'vuriŋ]
DESVIO	**OMWEG** ['ɔmwɛx]

Transportes. Frases gerais

avião	**vliegtuig** [vlixtœɣx]
comboio	**trein** [trɛjn]
autocarro	**bus** [bʉs]
ferri	**veerpont** [vērpɔnt]
táxi	**taxi** [taksi]
carro	**auto** [autɔ]

horário	**dienstregeling** [dinst·'rexəliŋ]
Onde posso ver o horário?	**Waar is de dienstregeling?** [wãr is də dinst·'rexəliŋ?]
dias de trabalho	**werkdagen** [wɛrk'daxən]
fins de semana	**weekends** [wīkɛnts]
férias	**vakanties** [va'kantsis]

PARTIDA	**VERTREK** [vər'trɛk]
CHEGADA	**AANKOMST** [ānkɔmst]
ATRASADO	**VERTRAAGD** [vərt'rāxt]
CANCELADO	**GEANNULEERD** [xəanʉ'lērt]

próximo (comboio, etc.)	**volgende** ['vɔlxəndə]
primeiro	**eerste** [ērstə]
último	**laatste** [lātstə]

Quando é o próximo ...?	**Hoe laat gaat de volgende ...?** [hu lāt xāt də 'vɔlxəndə ...?]
Quando é o primeiro ...?	**Hoe laat gaat de eerste ...?** [hu lāt xāt də 'ērstə ...?]

Quando é o último ...?

Hoe laat gaat de laatste ...?
[hu lāt xāt də 'lātstə ...?]

transbordo

aansluiting
[ānslœʏtiŋ]

fazer o transbordo

overstappen
[ɔvər'stapən]

Preciso de fazer o transbordo?

Moet ik overstappen?
[mut ik ɔvər'stapən?]

Comprando bilhetes

Onde posso comprar bilhetes?	**Waar kan ik kaartjes kopen?** [wār kan ik 'kărtjəs 'kɔpən?]
bilhete	**kaartje** [kărtjə]
comprar um bilhete	**een kaartje kopen** [en 'kărtjə 'kɔpən]
preço do bilhete	**prijs van een kaartje** [prɛjs van en 'kărtjə]

Para onde?	**Waarheen?** [wār'hēn?]
Para que estação?	**Naar welk station?** [năr wɛlk sta'tsjɔn?]
Preciso de ...	**Ik heb ... nodig** [ik hɛp ... 'nɔdəx]
um bilhete	**een kaartje** [en 'kărtjə]
dois bilhetes	**twee kaartjes** [twē 'kărtjəs]
três bilhetes	**drie kaartjes** [dri 'kărtjəs]

só de ida	**enkel** ['ɛnkəl]
de ida e volta	**retour** [re'tu:r]
primeira classe	**eerste klas** [ērstə klas]
segunda classe	**tweede klas** [twēdə klas]

hoje	**vandaag** [van'dăx]
amanhã	**morgen** ['mɔrxən]
depois de amanhã	**overmorgen** [ɔvər'mɔrxən]
de manhã	**s morgens** [s 'mɔrxəns]
à tarde	**s middags** [s 'midaxs]
ao fim da tarde	**s avonds** [s 'avɔnts]

lugar de corredor

zitplaats aan het gangpad
[zitplāts ān ət 'xaŋpat]

lugar à janela

zitplaats bij het raam
[zitplāts bɛj ət rām]

Quanto?

Hoeveel?
[huvēl?]

Posso pagar com cartão de crédito?

Kan ik met een creditcard betalen?
[kan ik mɛt en 'kredit·kart bə'talən?]

Autocarro

autocarro	**bus** [bʉs]
camioneta (autocarro interurbano)	**intercity bus** [inter'siti bʉs]
paragem de autocarro	**bushalte** [bʉs'haltə]
Onde é a paragem de autocarro mais perto?	**Waar is de meest nabij gelegen bushalte?** [wār is də mēst na'bɛj xə'lexən bʉs'haltə?]

número	**nummer** [nʉmər]
Qual o autocarro que apanho para ...?	**Met welke bus kan ik naar ... gaan?** [mɛt 'wɛlkə bʉs kan ik nār ... xān?]
Este autocarro vai até ...?	**Gaat deze bus naar ...?** [xāt 'dezə bʉs nār ...?]
Com que frequência passam os autocarros?	**Hoe dikwijls rijden de bussen?** [hu 'dikwəls 'rɛjdən də 'bʉsən?]

de 15 em 15 minutos	**om het kwartier** [ɔm ət kwar'tir]
de meia em meia hora	**om het half uur** [ɔm ət half ūr]
de hora a hora	**om het uur** [ɔm ət ūr]

várias vezes ao dia	**verschillende keren per dag** [vər'sxiləndə 'kerən pər dax]
... vezes ao dia	**... keer per dag** [... kēr pər dax]

horário	**dienstregeling** [dinst-'rexəliŋ]
Onde posso ver o horário?	**Waar is de dienstregeling?** [wār is də dinst-'rexəliŋ?]

Quando é o próximo autocarro?	**Hoe laat vertrekt de volgende bus?** [hu lāt vər'trɛkt də 'vɔlxəndə bʉs?]
Quando é o primeiro autocarro?	**Hoe laat vertrekt de eerste bus?** [hu lāt vər'trɛkt də 'ērstə bʉs?]
Quando é o último autocarro?	**Hoe laat vertrekt de laatste bus?** [hu lāt vər'trɛkt də 'lātstə bʉs?]

paragem	**halte** [haltə]
próxima paragem	**volgende halte** [vɔlxəndə 'haltə]
última paragem	**eindstation** [ɛjnt sta'tsjɔn]
Pare aqui, por favor.	**Hier stoppen alstublieft.** [hir 'stɔpən alstʉ'blift]
Desculpe, esta é a minha paragem.	**Pardon, dit is mijn halte.** [par'dɔn, dit is mɛjn 'haltə]

Comboio

comboio	**trein** [trɛjn]
comboio sub-urbano	**pendeltrein** ['pendəl trɛjn]
comboio de longa distância	**langeafstandstrein** [laŋe·'afstants·trɛjn]
estação de comboio	**station** [sta'tsjɔn]
Desculpe, onde fica a saída para a plataforma?	**Pardon, waar is de toegang tot het perron?** [par'dɔn, wār is də 'tuxaŋ tɔt ət pɛ'rɔn?]

Este comboio vai até ...?	**Gaat deze trein naar ...?** [xāt 'dezə trɛjn nār ...?]
próximo comboio	**volgende trein** ['vɔlxəndə trɛjn]
Quando é o próximo comboio?	**Hoe laat gaat de volgende trein?** [hu lāt xāt də 'vɔlxəndə trɛjn?]
Onde posso ver o horário?	**Waar is de dienstregeling?** [wār is də dinst·'rexəliŋ?]
Apartir de que plataforma?	**Van welk perron?** [van wɛlk pɛ'rɔn?]
Quando é que o comboio chega a ...?	**Wanneer komt de trein aan in ...?** [wa'nēr kɔmt də trɛjn ān in ...?]

Ajude-me, por favor.	**Kunt u me helpen alstublieft?** [kʉnt ju mə 'hɛlpən alstʉ'blift?]
Estou à procura do meu lugar.	**Ik zoek mijn zitplaats.** [ik zuk mɛjn 'zitplāts]
Nós estamos à procura dos nossos lugares.	**Wij zoeken onze zitplaatsen.** [wɛj 'zukən 'ɔnzə 'zitplātsen]
O meu lugar está ocupado.	**Mijn zitplaats is bezet.** [mɛjn 'zitplāts is bə'zɛt]
Os nossos lugares estão ocupados.	**Onze zitplaatsen zijn bezet.** [ɔnzə 'zitplātsən zɛjn bə'zɛt]

Peço desculpa mas este é o meu lugar.	**Sorry, maar dit is mijn zitplaats.** [sɔri, mār dit is mɛjn 'zitplāts]
Este lugar está ocupado?	**Is deze zitplaats bezet?** [is 'dezə 'zitplāts bə'zɛt?]
Posso sentar-me aqui?	**Mag ik hier zitten?** [max ik hir 'zitən?]

No comboio. Diálogo (Sem bilhete)

Bilhete, por favor.	**Uw kaartje alstublieft.** [ʉw 'kãrtjə alstʉ'blift]
Não tenho bilhete.	**Ik heb geen kaartje.** [ik hɛp xēn 'kãrtjə]
Perdi o meu bilhete.	**Ik heb mijn kaartje verloren.** [ik hɛp mɛjn 'kãrtjə vər'lɔrən]
Esqueci-me do bilhete em casa.	**Ik heb mijn kaartje thuis vergeten.** [ik hɛp mɛjn 'kãrtjə thœys vər'xetən]

Pode comprar um bilhete a mim.	**U kunt een kaartje van mij kopen.** [ju kʉnt en 'kãrtjə van mɛj 'kɔpən]
Terá também de pagar uma multa.	**U moet ook een boete betalen.** [ju mut ōk en 'butə bə'talən]
Está bem.	**Okay.** [ɔ'kɛj]
Onde vai?	**Waar gaat u naartoe?** [wãr xãt ju nãrtu?]
Eu vou para ...	**Ik ga naar ...** [ik xa nãr ...]

Quanto é? Eu não entendo.	**Hoeveel kost het? Ik versta het niet.** [huvēl kɔst ət? ik vərs'ta ət nit]
Escreva, por favor.	**Schrijf het neer alstublieft.** [sxrɛjf ət nēr alstʉ'blift]
Está bem. Posso pagar com cartão de crédito?	**Okay. Kan ik met een creditcard betalen?** [ɔ'kɛj. kan ik mɛt en 'kredit·kart bə'talən?]
Sim, pode.	**Ja, dat kan.** [ja, dat kan]

Aqui tem a sua fatura.	**Hier is uw ontvangstbewijs.** [hir is ʉw ɔnt'faŋst·bə'wɛjs]
Desculpe pela multa.	**Sorry voor de boete.** [sɔri vōr də 'butə]
Não tem mal. A culpa foi minha.	**Maakt niet uit. Het is mijn schuld.** [mãkt nit œyt hɛt is mɛjn sxʉlt]
Desfrute da sua viagem.	**Prettige reis.** ['prɛtixə rɛjs]

Taxi

táxi	**taxi** [taksi]
taxista	**taxi chauffeur** [taksi ʃɔ'før]
apanhar um táxi	**een taxi nemen** [ən 'taksi 'nemən]
paragem de táxis	**taxistandplaats** [taksi·'stantplāts]
Onde posso apanhar um táxi?	**Waar kan ik een taxi nemen?** [wār kan ik en 'taksi 'nemən?]
chamar um táxi	**een taxi bellen** [en 'taksi 'bɛlən]
Preciso de um táxi.	**Ik heb een taxi nodig.** [ik hɛp en 'taksi 'nɔdəx]
Agora.	**Nu onmiddellijk.** [nʉ ɔn'midələk]
Qual é a sua morada?	**Wat is uw adres?** [wat is ʉw ad'rɛs?]
A minha morada é ...	**Mijn adres is ...** [mɛjn ad'rɛs is ...]
Qual o seu destino?	**Uw bestemming?** [ʉw bəs'tɛmiŋ?]
Desculpe, ...	**Pardon, ...** [par'dɔn, ...]
Está livre?	**Bent u vrij?** [bɛnt ju vrɛj?]
Em quanto fica a corrida até ...?	**Hoeveel kost het naar ...?** [huvēl kɔst ət nār ...?]
Sabe onde é?	**Weet u waar dit is?** [wēt ju wār dit is?]
Para o aeroporto, por favor.	**Luchthaven alstublieft.** [lʉxt'havən alstʉ'blift]
Pare aqui, por favor.	**Hier stoppen alstublieft.** [hir 'stɔpən alstʉ'blift]
Não é aqui.	**Het is niet hier.** [hɛt is nit hir]
Esta morada está errada. (Não é aqui)	**Dit is het verkeerde adres.** [dit is ət vər'kērdə ad'rɛs]
Vire à esquerda.	**Linksaf.** [linksaf]
Vire à direita.	**Rechtsaf.** [rɛxts'af]

Quanto lhe devo?	**Hoeveel ben ik u schuldig?** [huvēl bɛn ik ju 'sxʉldəx?]
Queria fatura, por favor.	**Kan ik een bon krijgen alstublieft.** [kan ik en bɔn 'krɛjxən alstʉ'blift]
Fique com o troco.	**Hou het kleingeld maar.** [hau ət 'klɛjnxɛlt mãr]

Espere por mim, por favor.	**Wil u even op mij wachten?** [wil ju 'evən ɔp mɛj 'waxtən?]
5 minutos	**vijf minuten** [vɛjf mi'nʉtən]
10 minutos	**tien minuten** [tin mi'nʉtən]
15 minutos	**vijftien minuten** [vɛjftin mi'nʉtən]
20 minutos	**twintig minuten** [twintəx mi'nʉtən]
meia hora	**een half uur** [en half ūr]

Hotel

Olá!	**Hallo.** [halɔ]
Chamo-me ...	**Ik heet ...** [ik hēt ...]
Tenho uma reserva.	**Ik heb gereserveerd.** [ik hɛp xərezɛr'vērt]
Preciso de ...	**Ik heb ... nodig** [ik hɛp ... 'nɔdəx]
um quarto de solteiro	**een enkele kamer** [en 'ɛnkelə 'kamər]
um quarto de casal	**een tweepersoons kamer** [en twē·pɛr'sōns 'kamər]
Quanto é?	**Hoeveel kost dat?** [huvēl kɔst dat?]
Está um pouco caro.	**Dat is nogal duur.** [dat is 'nɔxal dūr]
Não tem outras opções?	**Zijn er geen andere mogelijkheden?** [zɛjn ɛr xēn 'anderə 'mɔxələkhedən?]
Eu fico com ele.	**Die neem ik.** [di nēm ik]
Eu pago em dinheiro.	**Ik betaal contant.** [ik bə'tāl kɔn'tant]
Tenho um problema.	**Ik heb een probleem.** [ik hɛp en prɔ'blēm]
O meu ... está partido /A minha ... está partida/.	**Mijn ... is stuk.** [mɛjn ... is stʉk]
O meu ... está avariado /A minha ... está avariada/.	**Mijn ... doet het niet meer.** [mɛjn ... dut ət nit mēr]
televisor (m)	**TV** [te've]
ar condicionado (m)	**airco** ['ɛrkɔ]
torneira (f)	**kraan** [krān]
duche (m)	**douche** [duʃ]
lavatório (m)	**lavabo** [lava'bɔ]
cofre (m)	**brandkast** [brantkast]

fechadura (f)	**deurslot** ['dørslot]
tomada elétrica (f)	**stopcontact** [stɔp kɔn'takt]
secador de cabelo (m)	**haardroger** [hãr·drɔxər]

Não tenho ...	**Ik heb geen ...** [ik hɛp xẽn ...]
água	**water** [watər]
luz	**licht** [lixt]
eletricidade	**stroom** [strõm]

Pode dar-me ...?	**Kunt u mij een ... bezorgen?** [kʉnt ju mɛj en ... bə'zɔrxən?]
uma toalha	**een handdoek** [en 'handuk]
um cobertor	**een deken** [en 'dekən]
uns chinelos	**pantoffels** [pan'tɔfəls]
um roupão	**een badjas** [en badjas]
algum champô	**shampoo** [ʃʌmpõ]
algum sabonete	**zeep** [zẽp]

Gostaria de trocar de quartos.	**Ik wil van kamer veranderen.** [ik wil van 'kamər və'randerən]
Não consigo encontrar a minha chave.	**Ik kan mijn sleutel niet vinden.** [ik kan mɛjn 'sløtel nit 'vindən]
Abra-me o quarto, por favor.	**Kunt u mijn kamer openen alstublieft?** [kʉnt ju mɛjn 'kamər 'ɔpenən alstʉ'blift?]
Quem é?	**Wie is daar?** [wi is dãr?]
Entre!	**Kom binnen!** [kɔm 'binən!]
Um minuto!	**Een ogenblikje!** [en 'ɔxənblikje!]
Agora não, por favor.	**Niet op dit moment alstublieft.** [nit ɔp dit mɔ'mɛnt alstʉ'blift]

Venha ao meu quarto, por favor.	**Kom naar mijn kamer alstublieft.** [kɔm nãr mɛjn 'kamər alstʉ'blift]
Gostaria de encomendar comida.	**Kan ik room service krijgen.** [kan ik rõm 'sø:rvis 'krɛjxən]
O número do meu quarto é ...	**Mijn kamernummer is ...** [mɛjn 'kamər·'nʉmer is ...]

Estou de saída ...

Ik vertrek ...
[ik vər'trɛk ...]

Estamos de saída ...

Wij vertrekken ...
[wɛj vər'trɛkən ...]

agora

nu onmiddellijk
[nʉ ɔn'midələk]

esta tarde

vanmiddag
[van'midax]

hoje à noite

vanavond
[va'navɔnt]

amanhã

morgen
['mɔrxən]

amanhã de manhã

morgenochtend
['mɔrxən 'ɔxtənt]

amanhã ao fim da tarde

morgenavond
[mɔrxən 'avɔnt]

depois de amanhã

overmorgen
[ɔvər'mɔrxən]

Gostaria de pagar.

Ik zou willen afrekenen.
[ik 'zau 'wilən 'afrekənən]

Estava tudo maravilhoso.

Alles was uitstekend.
[aləs was œyts'tekənt]

Onde posso apanhar um táxi?

Waar kan ik een taxi nemen?
[wãr kan ik en 'taksi 'nemən?]

Pode me chamar um táxi, por favor?

Wil u alstublieft een taxi bestellen?
[wil ju alstʉ'blift en 'taksi bəs'tɛlən?]

Restaurante

Posso ver o menu, por favor?

Kan ik het menu zien alstublieft?
[kan ik ət me'nʉ zin alstʉ'blift?]

Mesa para um.

Een tafel voor één persoon.
[en 'tafəl võr en pɛr'sõn]

Somos dois (três, quatro).

We zijn met z'n tweeën (drieën, vieren).
[we zɛjn mɛt zən 'twēɛn ('driɛn, 'virən)]

Para fumadores

Roken
['rɔkən]

Para não fumadores

Niet roken
[nit 'rɔkən]

Por favor!

Hallo! Pardon!
[halɔ! par'dɔn!]

menu

menu
[me'nʉ]

lista de vinhos

wijnkaart
[wɛjnkãrt]

O menu, por favor.

Het menu alstublieft.
[hɛt me'nʉ alstʉ'blift]

Já escolheu?

Bent u zover om te bestellen?
[bɛnt ju 'zɔvər ɔm tə bəs'tɛlən?]

O que vai tomar?

Wat wenst u?
[wat wɛnst ju?]

Eu quero ...

Voor mij ...
[võr mɛj ...]

Eu sou vegetariano /vegetariana/.

Ik ben vegetariër.
[ik bɛn vexə'tarijər]

carne

vlees
[vlēs]

peixe

vis
[vis]

vegetais

groente
['xruntə]

Tem pratos vegetarianos?

Hebt u vegetarische gerechten?
[hɛpt ju vexə'tarisə xə'rɛxtən?]

Não como porco.

Ik eet niet varkensvlees.
[ik ēt nit 'varkənsvlēs]

Ele /ela/ não come porco.

Hij /zij/ eet geen vlees.
[hɛj /zɛj/ ēt xēn vlēs]

Sou alérgico /alérgica/ a ...

Ik ben allergisch voor ...
[ik bɛn aˈlerxis võr ...]

Por favor, pode trazer-me ...?

Wil u mij ... brengen
[wil ju mɛj ... bˈrɛŋən]

sal | pimenta | açucar

zout | peper | suiker
[zaut | ˈpepər | ˈsœʏkər]

café | chá | sobremesa

koffie | thee | dessert
[kɔfi | tẽ | dɛˈsɛːr]

água | com gás | sem gás

water | met prik | gewoon
[watər | mɛt prik | xəˈwõn]

uma colher | um garfo | uma faca

een lepel | vork | mes
[en ˈlepəl | vɔrk | mɛs]

um prato | um guardanapo

een bord | servet
[en bɔrt | sɛrˈvɛt]

Bom apetite!

Smakelijk!
[smakələk!]

Mais um, por favor.

Nog een alstublieft.
[nɔx en alstʉˈblift]

Estava delicioso.

Het was heerlijk.
[hɛt was ˈhẽrlək]

---

conta | troco | gorjeta

rekening | wisselgeld | fooi
[rekəniŋ | ˈwisəl·xɛlt | fõj]

A conta, por favor.

De rekening alstublieft.
[də ˈrekəniŋ alstʉˈblift]

Posso pagar com cartão de crédito?

Kan ik met een creditcard betalen?
[kan ik mɛt en ˈkredit·kart bəˈtalən?]

Desculpe, mas tem um erro aqui.

Sorry, hier is een fout.
[sɔri, hir iz en ˈfaut]

Centro Comercial

Posso ajudá-lo /ajudá-la/?

Tem ...?

Estou à procura de ...

Preciso de ...

Waarmee kan ik u van dienst zijn?
[wār'mē kan ik ju van dinst zεjn?]
Hebt u ...?
[hεpt ju ...?]
Ik zoek ...
[ik zuk ...]
Ik heb ... nodig
[ik hεp ... 'nɔdəx]

Estou só a ver.

Estamos só a ver.

Volto mais tarde.

Voltamos mais tarde.

descontos | saldos

Ik kijk even.
[ik kεjk 'evən]
Wij kijken even.
[wεj 'kεjkən 'evən]
Ik kom wat later terug.
[ik kɔm wat 'latər te'rʉx]
We komen later terug.
[we 'kɔmən 'latər te'rʉx]
korting | uitverkoop
[kɔrtiŋ | 'œytverkōp]

Mostre-me, por favor ...

Dê-me, por favor ...

Posso experimentar?

Desculpe, onde fica a cabine de prova?

Que cor prefere?

tamanho | cvomprimento

Como lhe fica?

Kunt u mij ... laten zien alstublieft?
[kʉnt ju mεj ... 'latən zin alstʉ'blift?]
Kunt u mij ... geven alstublieft?
[kʉnt ju mεj ... 'xevən alstʉ'blift?]
Kan ik dit passen?
[kan ik dit 'pasən?]
Pardon, waar is de paskamer?
[par'dɔn, wār is də 'pas·kamər?]
Welke kleur wenst u?
['wεlkə 'klør wεnst ju?]
maat | lengte
[māt | 'leŋtə]
Past het?
[past ət?]

Quanto é que isto custa?

É muito caro.

Eu fico com ele.

Desculpe, onde fica a caixa?

Hoeveel kost het?
[huvēl kɔst ət?]
Dat is te duur.
[dat is te dūr]
Ik neem het.
[ik nēm ət]
Pardon, waar moet ik betalen?
[par'dɔn, wār mut ik bə'talən?]

Vai pagar a dinheiro ou com cartão de crédito?

Betaalt u contant of met een creditcard?
[bə'tālt ju kɔn'tant ɔf mɛt en 'kredit·kart?]

A dinheiro | com cartão de crédito

contant | met een creditcard
[kɔn'tant | mɛt en 'kredit·kart]

Pretende fatura?

Wil u een kwitantie?
[wil ju en kwi'tantsi?]

Sim, por favor.

Ja graag.
[ja xrāx]

Não. Está bem!

Nee, hoeft niet.
[nē, huft nit]

Obrigado /Obrigada/.
Tenha um bom dia!

Bedankt. Een fijne dag verder!
[bə'dankt. en 'fɛjnə dax 'vɛrdər!]

Na cidade

Desculpe, por favor ...	**Pardon, ...** [par'dɔn, ...]
Estou à procura ...	**Ik ben op zoek naar ...** [ik bɛn ɔp zuk nãr ...]

do metro	**de metro** [də 'metrɔ]
do meu hotel	**mijn hotel** [mɛjn hɔ'tɛl]
do cinema	**de bioscoop** [də biɔ'skõp]
da praça de táxis	**een taxistandplaats** [ən 'taksi·'stantplãts]

do multibanco	**een geldautomaat** [ən xɛlt·autɔ'mãt]
de uma casa de câmbio	**een wisselagent** [ən 'wisəl·a'xɛnt]
de um café internet	**een internet café** [ən 'intərnɛt ka'fe]
da rua ...	**... straat** [... strãt]
deste lugar	**dit adres** [dit ad'rɛs]

Sabe dizer-me onde fica ...?	**Weet u waar ... is?** [wẽt ju wãr ... is?]
Como se chama esta rua?	**Welke straat is dit?** [wɛlkə strãt is dit?]

Mostre-me onde estamos de momento.	**Kunt u me aanwijzen waar we nu zijn?** [kʉnt ju mə 'ãnwɛjzən wãr wə nʉ zɛjn]
Posso ir até lá a pé?	**Kan ik er lopend naar toe?** [kan ik ɛr 'lopənt nãr tu?]
Tem algum mapa da cidade?	**Hebt u een plattegrond van de stad?** [hɛpt ju en platə'xrɔnt van də stat?]

Quanto custa a entrada?	**Hoeveel kost de toegang?** [huvẽl kɔst də 'tuxaŋ?]
Pode-se fotografar aqui?	**Kan ik hier foto's maken?** [kan ik hir 'fotɔs 'makən?]
Estão abertos?	**Bent u open?** [bɛnt ju 'ɔpən?]

A que horas abrem?

Hoe laat gaat u open?
[hu lāt xāt ju 'ɔpən?]

A que horas fecham?

Hoe laat sluit u?
[hu lāt slœyt ju?]

Dinheiro

dinheiro	**geld** [xɛlt]
a dinheiro	**contant** [kɔn'tant]
dinheiro de papel	**bankbiljetten** [bank·bi'ljetən]
troco	**kleingeld** [klɛjn·xɛlt]
conta | troco | gorjeta	**rekening | wisselgeld | fooi** [rekəniŋ | 'wisəl·xɛlt | fōj]

cartão de crédito	**creditcard** [kredit·kart]
carteira	**portemonnee** [pɔrtəmɔ'nē]
comprar	**kopen** ['kɔpən]
pagar	**betalen** [bə'talən]
multa	**boete** ['butə]
gratuito	**gratis** [xratis]

Onde é que posso comprar …?	**Waar kan ik … kopen?** [wār kan ik … 'kɔpən?]
O banco está aberto agora?	**Is de bank nu open?** [is də bank nʉ 'ɔpən?]
Quando abre?	**Hoe laat gaat hij open?** [hu lāt xāt hɛj 'ɔpən?]
Quando fecha?	**Hoe laat sluit hij?** [hu lāt slœyt hɛj?]

Quanto?	**Hoeveel?** [huvēl?]
Quanto custa isto?	**Hoeveel kost dit?** [huvēl kɔst dit?]
É muito caro.	**Dat is te duur.** [dat is tə dūr]

Desculpe, onde fica a caixa?	**Pardon, waar moet ik betalen?** [par'dɔn, wār mut ik bə'talən?]
A conta, por favor.	**De rekening alstublieft.** [də 'rekəniŋ alstʉ'blift]

Posso pagar com cartão de crédito?

Kan ik met een creditcard betalen?
[kan ik mɛt en 'kredit·kart bə'talən?]

Há algum Multibanco aqui?

Is hier een geldautomaat?
[is hir en xɛlt·autɔ'māt?]

Estou à procura de um Multibanco.

Ik zoek een geldautomaat.
[ik zuk en xɛlt·autɔ'māt]

Estou à procura de uma
casa de câmbio.

Ik zoek een wisselagent.
[ik zuk en 'wisəl a'xɛnt]

Eu gostaria de trocar ...

Ik zou ... willen wisselen.
[ik 'zau ... 'wilən 'wisələn]

Qual a taxa de câmbio?

Wat is de wisselkoers?
[wat is də 'wisəl·kurs?]

Precisa do meu passaporte?

Hebt u mijn paspoort nodig?
[hɛpt ju mɛjn 'paspōrt 'nɔdəx?]

Tempo

Que horas são?	**Hoe laat is het?** [hu lāt is ət?]
Quando?	**Wanneer?** [wa'nēr?]
A que horas?	**Hoe laat?** [hu lāt?]
agora | mais tarde | depois ...	**nu | later | na ...** [nʉ | 'latər | na ...]

uma em ponto	**een uur** [en ūr]
uma e quinze	**kwart over een** [kwart 'ɔvər en]
uma e trinta	**half twee** [half twē]
uma e quarenta e cinco	**kwart voor twee** [kwart vōr twē]

um | dois | três	**een | twee | drie** [en | twē | dri]
quatro | cinco | seis	**vier | vijf | zes** [vir | vɛjf | zɛs]
set | oito | nove	**zeven | acht | negen** [zevən | axt | 'nexən]
dez | onze | doze	**tien | elf | twaalf** [tin | ɛlf | twālf]

dentro de ...	**binnen ...** ['binən ...]
5 minutos	**vijf minuten** [vɛjf mi'nʉtən]
10 minutos	**tien minuten** [tin mi'nʉtən]
15 minutos	**vijftien minuten** [vɛjftin mi'nʉtən]
20 minutos	**twintig minuten** [twintəx mi'nʉtən]

meia hora	**een half uur** [en half ūr]
uma hora	**een uur** [en ūr]

de manhã	**s ochtends** [s 'ɔxtənts]
de manhã cedo	**s ochtends vroeg** [s 'ɔxtənts vrux]
esta manhã	**vanmorgen** [van'mɔrxən]
amanhã de manhã	**morgenochtend** ['mɔrxən 'ɔxtənt]

ao meio-dia	**in het midden van de dag** [in ət 'midən van də dax]
à tarde	**s middags** [s 'midaxs]
à noite (das 18h às 24h)	**s avonds** [s 'avɔnts]
esta noite	**vanavond** [va'navɔnt]

à noite (da 0h às 6h)	**s avonds** [s 'avɔnts]
ontem	**gisteren** ['xistərən]
hoje	**vandaag** [van'dāx]
amanhã	**morgen** ['mɔrxən]
depois de amanhã	**overmorgen** [ɔvər'mɔrxən]

Que dia é hoje?	**Wat is het vandaag?** [wat is ət van'dāx?]
Hoje é …	**Het is …** [hɛt is …]
segunda-feira	**maandag** [mãndax]
terça-feira	**dinsdag** [dinzdax]
quarta-feira	**woensdag** [wunzdax]

quinta-feira	**donderdag** [dɔndərdax]
sexta-feira	**vrijdag** [vrɛjdax]
sábado	**zaterdag** [zatərdax]
domingo	**zondag** [zɔndax]

Saudações. Apresentações

Olá!	**Hallo.** [halɔ]
Prazer em conhecê-lo /conhecê-la/.	**Aangenaam.** [ānxənām]
O prazer é todo meu.	**Insgelijks.** ['insxeləks]
Apresento-lhe ...	**Mag ik u voorstellen aan ...** [max ik ju 'vōrstɛlən ān ...]
Muito prazer.	**Aangenaam.** [ānxənām]

Como está?	**Hoe gaat het met u?** [hu xāt ət mɛt ju?]
Chamo-me ...	**Ik heet ...** [ik hēt ...]
Ele chama-se ...	**Dit is ...** [dit is ...]
Ela chama-se ...	**Dit is ...** [dit is ...]
Como é que o senhor /a senhora/ se chama?	**Hoe heet u?** [hu hēt ju?]
Como é que ela se chama?	**Hoe heet hij?** [hu hēt hɛj?]
Como é que ela se chama?	**Hoe heet zij?** [hu hēt zɛj?]

Qual o seu apelido?	**Wat is uw achternaam?** [wat is ʉw 'axtər·nām?]
Pode chamar-me ...	**Noem mij maar ...** [num mɛj mār ...]
De onde é?	**Vanwaar komt u?** [van'wār kɔmt ju?]
Sou de ...	**Ik kom van ...** [ik kɔm van ...]
O que faz na vida?	**Wat is uw beroep?** [wat is ʉw bə'rup?]
Quem é este?	**Wie is dit?** [wi is dit?]
Quem é ele?	**Wie is hij?** [wi is hɛj?]
Quem é ela?	**Wie is zij?** [wi is zɛj?]
Quem são eles?	**Wie zijn zij?** [wi zɛjn zɛj?]

Este é ...

o meu amigo

a minha amiga

o meu marido

a minha mulher

Dit is ...
[dit is ...]

mijn vriend
[mɛjn vrint]

mijn vriendin
[mɛjn vrin'din]

mijn man
[mɛjn man]

mijn vrouw
[mɛjn 'vrau]

o meu pai

a minha mãe

o meu irmão

a minha irmã

o meu filho

a minha filha

mijn vader
[mɛjn 'vadər]

mijn moeder
[mɛjn 'mudər]

mijn broer
[mɛjn brur]

mijn zuster
[mɛjn 'zʉstər]

mijn zoon
[mɛjn zõn]

mijn dochter
[mɛjn 'dɔxtər]

Este é o nosso filho.

Este é a nossa filha.

Estes são os meus filhos.

Estes são os nossos filhos.

Dit is onze zoon.
[dit is 'ɔnzə zõn]

Dit is onze dochter.
[dit is 'ɔnzə 'dɔxtər]

Dit zijn mijn kinderen.
[dit zɛjn 'mɛjn 'kindərən]

Dit zijn onze kinderen.
[dit zɛjn 'ɔnzə 'kindərən]

Despedidas

Adeus!	**Tot ziens!** [tɔt zins!]
Tchau!	**Doei!** [dui!]
Até amanhã.	**Tot morgen.** [tɔt 'mɔrxən]
Até breve.	**Tot binnenkort.** [tɔt binə'kɔrt]
Até às sete.	**Tot om zeven uur.** [tɔt ɔm 'zevən ūr]
Diverte-te!	**Veel plezier!** [vēl plə'zīr!]
Falamos mais tarde.	**Tot straks.** [tɔt straks]
Bom fim de semana.	**Prettig weekend.** [prɛtəx 'wīkɛnt]
Boa noite.	**Goede nacht.** [xudə naxt]
Está na hora.	**ik moet opstappen.** [ik mut 'ɔpstapən]
Preciso de ir embora.	**Ik moet weg.** [ik mut wɛx]
Volto já.	**ik ben zo terug.** [ik bɛn zɔ te'rʉx]
Já é tarde.	**Het is al laat.** [hɛt is al lāt]
Tenho de me levantar cedo.	**Ik moet vroeg op.** [ik mut vrux ɔp]
Vou-me embora amanhã.	**Ik vertrek morgen.** [ik vər'trɛk 'mɔrxən]
Vamos embora amanhã.	**Wij vertrekken morgen.** [wɛj vər'trɛkən 'mɔrxən]
Boa viagem!	**Prettige reis!** ['prɛtixə rɛjs!]
Tive muito prazer em conhecer-vos.	**Het was fijn u te leren kennen.** [hɛt was fɛjn ju te 'lerən 'kɛnən]
Foi muito agradável falar consigo.	**Het was een prettig gesprek.** [hɛt was ən 'prɛtəx xe'sprɛk]
Obrigado /Obrigada/ por tudo.	**Dank u wel voor alles.** [dank ju wɛl vōr 'aləs]

Passei um tempo muito agradável.

ik heb ervan genoten.
[ik hɛp ɛr'van xə'nɔtən]

Passámos um tempo muito agradável.

Wij hebben ervan genoten.
[wɛj 'hɛbən ɛr'van xə'nɔtən]

Foi mesmo fantástico.

Het was bijzonder leuk.
[hɛt was bi'zɔndər 'løk]

Vou ter saudades suas.

Ik ga je missen.
[ik xa je 'misən]

Vamos ter saudades suas.

Wij gaan je missen.
[wɛj xãn je 'misən]

Boa sorte!

Veel succes!
[vēl sʉk'sɛs!]

Dê cumprimentos a …

De groeten aan …
[də 'xrutən ãn …]

Língua estrangeira

Eu não entendo.	**Ik versta het niet.** [ik vər'sta ət nit]
Escreva isso, por favor.	**Schrijf het neer alstublieft.** [sxrɛjf ət nēr alstʉ'blift]
O senhor /a senhora/ fala ...?	**Spreekt u ...?** [sprēkt ju ...?]

Eu falo um pouco de ...	**Ik spreek een beetje ...** [ik sprēk ən 'bētjə ...]
Inglês	**Engels** ['ɛŋəls]
Turco	**Turks** [tʉrks]
Árabe	**Arabisch** [a'rabis]
Francês	**Frans** [frans]

Alemão	**Duits** [dœʏts]
Italiano	**Italiaans** [itali'āns]
Espanhol	**Spaans** [spāns]
Português	**Portugees** [pɔrtʉ'xēs]
Chinês	**Chinees** [ʃi'nēs]
Japonês	**Japans** [ja'pans]

Pode repetir isso, por favor.	**Kunt u dat herhalen alstublieft.** [kʉnt ju dat hɛr'halən alstʉ'blift]
Compreendo.	**Ik versta het.** [ik vər'sta ət]
Eu não entendo.	**Ik versta het niet.** [ik vər'sta ət nit]
Por favor fale mais devagar.	**Spreek wat langzamer alstublieft.** [sprēk wat 'laŋzamər alstʉ'blift]

Isso está certo?	**Is dat juist?** [is dat jœʏst?]
O que é isto? (O que significa?)	**Wat is dit?** [wat is dit?]

Desculpas

Desculpe-me, por favor.

Excuseer me alstublieft.
[ɛkskʉ'zēr mə alstʉ'blift]

Lamento.

Sorry.
['sɔri]

Tenho muita pena.

Het spijt me.
[hɛt spɛjt mə]

Desculpe, a culpa é minha.

Sorry, het is mijn schuld.
[sɔri, hɛt is mɛjn sxʉlt]

O erro foi meu.

Mijn schuld.
[mɛjn sxʉlt]

Posso ...?

Mag ik ...?
[max ik ...?]

O senhor /a senhora/ não
se importa se eu ...?

Is het goed dat ...?
[iz ət xut dat ...?]

Não faz mal.

Het is okay.
[hɛt is ɔ'kɛj]

Está tudo em ordem.

Maakt niet uit.
[mākt nit œyt]

Não se preocupe.

Maak je geen zorgen.
[māk je xēn 'zɔrxən]

Acordo

Sim.	**Ja.** [ja]
Sim, claro.	**Ja zeker.** [ja 'zekər]
Está bem!	**Goed!** [xut!]
Muito bem.	**Uitstekend.** [œyt'stekənt]
Claro!	**Zeker weten!** ['zekər 'wetən!]
Concordo.	**Ik ga akkoord.** [ik xa a'kõrt]
Certo.	**Precies.** [prə'sis]
Correto.	**Juist.** [jœyst]
Tem razão.	**Je hebt gelijk.** [je hɛpt xə'lɛjk]
Eu não me oponho.	**Ik doe het graag.** [ik du ət xrãx]
Absolutamente certo.	**Dat is juist.** [dat is jœyst]
É possível.	**Dat is mogelijk.** [dat is 'mɔxələk]
É uma boa ideia.	**Dat is een goed idee.** [dat is en xut i'dē]
Não posso recusar.	**Ik kan niet nee zeggen.** [ik kan nit nē 'zɛxən]
Terei muito gosto.	**Met genoegen.** [mɛt xə'nuxən]
Com prazer.	**Graag.** [xrãx]

Recusa. Expressão de dúvida

Não.

Nee.
[nē]

Claro que não.

Beslist niet.
[bəs'list nit]

Não concordo.

Daar ben ik het niet mee eens.
[dār bɛn ik ət nit mē ēns]

Não creio.

Dat geloof ik niet.
[dat xe'lōf ik nit]

Isso não é verdade.

Dat is niet waar.
[dat is nit wār]

O senhor /a senhora/ não tem razão.

U maakt een fout.
[ju mākt en 'faut]

Acho que o senhor /a senhora/ não tem razão.

Ik denk dat u een fout maakt.
[ik dɛnk dat ju en 'faut mākt]

Não tenho a certeza.

Ik weet het niet zeker.
[ik wēt ət nit 'zekər]

É impossível.

Het is onmogelijk.
[hɛt is ɔn'mɔxələk]

De modo algum!

Beslist niet!
[bəs'list nit!]

Exatamente o contrário.

Precies het tegenovergestelde!
[prə'sis hɛt 'texən·'ɔvərxəstɛldə!]

Sou contra.

Ik ben er tegen.
[ik bɛn ɛr 'texən]

Não me importo.

Ik geef er niet om.
[ik xēf ɛr nit ɔm]

Não faço ideia.

Ik heb geen idee.
[ik hɛp xēn i'dē]

Não creio.

Dat betwijfel ik.
[dat bet'wɛjfəl ik]

Desculpe, mas não posso.

Sorry, ik kan niet.
[sɔri, ik kan nit]

Desculpe, mas não quero.

Sorry, ik wil niet.
['sɔri, ik wil nit]

Desculpe, não quero isso.

Dank u, maar ik heb dit niet nodig.
[dank ju, mār ik hɛp dit nit 'nɔdəx]

Já é muito tarde.

Het wordt laat.
[hɛt wɔrt lāt]

Tenho de me levantar cedo.

Ik moet vroeg op.
[ik mut vrux ɔp]

Não me sinto bem.

Ik voel me niet lekker.
[ik vul mə nit 'lɛkər]

Expressão de gratidão

Obrigado /Obrigada/.	**Bedankt.** [bə'dankt]
Muito obrigado /obrigada/.	**Heel erg bedankt.** [hēl ɛrx bə'dankt]
Fico muito grato /grata/.	**Ik stel dit zeer op prijs.** [ik stel dit zēr ɔp prɛjs]
Estou-lhe muito reconhecido.	**Ik ben u erg dankbaar.** [ik bɛn ju ɛrx 'dankbār]
Estamos-lhe muito reconhecidos.	**Wij zijn u erg dankbaar.** [wɛj zɛjn ju ɛrx 'dankbār]

Obrigado /Obrigada/ pelo seu tempo.	**Bedankt voor uw tijd.** [bə'dankt vōr ʉw tɛjt]
Obrigado /Obrigada/ por tudo.	**Dank u wel voor alles.** [dank ju wɛl vōr 'aləs]
Obrigado /Obrigada/ ...	**Bedankt voor ...** [bə'dankt vōr ...]
... pela sua ajuda	**uw hulp** [ʉw hʉlp]
... por este tempo bem passado	**een leuke dag** [en 'løkə dax]

... pela comida deliciosa	**een heerlijke maaltijd** [en 'hērlɛkə 'māltɛjt]
... por esta noite agradável	**een prettige avond** [en 'prɛtixə 'avɔnt]
... pelo dia maravilhoso	**een prettige dag** [en 'prɛtixə dax]
... pela jornada fantástica	**een fantastische reis** [en fan'tastise rɛjs]

Não tem de quê.	**Graag gedaan.** [xrāx xə'dān]
Não precisa agradecer.	**Graag gedaan.** [xrāx xə'dān]
Disponha sempre.	**Graag gedaan.** [xrāx xə'dān]
Foi um prazer ajudar.	**Tot uw dienst.** [tɔt ʉw dinst]
Esqueça isso.	**Graag gedaan.** [xrāx xə'dān]
Não se preocupe.	**Maak je geen zorgen.** [māk je xēn 'zɔrxən]

Parabéns. Cumprimentos

Parabéns!	**Gefeliciteerd!** [xəfelisi'tẽrt!]
Feliz aniversário!	**Gefeliciteerd met je verjaardag!** [xəfelisi'tẽrt mɛt je və'rjãrdax!]
Feliz Natal!	**Prettig Kerstfeest!** [prɛtəx 'kɛrstfẽst!]
Feliz Ano Novo!	**Gelukkig Nieuwjaar!** [xə'lʉkəx 'niu'jãr!]
Feliz Páscoa!	**Vrolijk Paasfeest!** [vrɔlək 'pãsfẽst!]
Feliz Hanukkah!	**Gelukkig Chanoeka!** [xə'lʉkəx 'xanuka!]
Gostaria de fazer um brinde.	**Ik wil een heildronk uitbrengen.** [ik wil en 'hɛjldrɔnk 'œytbreŋen]
Saúde!	**Proost!** [prõst!]
Bebamos a ...!	**Laten we drinken op ...!** [latən we 'drinkən ɔp ... !]
Ao nosso sucesso!	**Op ons succes!** [ɔp ɔns sʉk'sɛs!]
Ao vosso sucesso!	**Op uw succes!** [ɔp ʉw sʉk'sɛs!]
Boa sorte!	**Veel succes!** [vẽl sʉk'sɛs!]
Tenha um bom dia!	**Een prettige dag!** [en 'prɛtixə dax!]
Tenha um bom feriado!	**Een prettige vakantie!** [en 'prɛtixə va'kantsi!]
Tenha uma viagem segura!	**Een veilige reis!** [en 'vɛjlixə rɛjs!]
Espero que melhore em breve!	**Ik hoop dat u gauw weer beter bent!** [ik hõp dat ju 'xau wẽr 'betər bɛnt!]

Socializando

Porque é que está chateado /chateada/?	**Waarom zie je er zo verdrietig uit?** [wã'rɔm zi je ɛr zɔ vər'dritəx œyt?]
Sorria!	**Lach eens! Wees vrolijk!** [lax ẽns! wẽs 'vrɔlək!]
Está livre esta noite?	**Ben je vrij vanavond?** [bɛn je vrɛj va'navɔnt?]

Posso oferecer-lhe algo para beber?	**Mag ik je een drankje aanbieden?** [max ik je en 'drankje 'ãnbidən?]
Você quer dançar?	**Zullen we eens dansen?** [zʉlən we ẽns 'dansən?]
Vamos ao cinema.	**Laten we naar de bioscoop gaan.** [latən we nãr də bio'skōp xãn]

Gostaria de a convidar para ir ...	**Mag ik je uitnodigen naar ...?** [max ik je 'œytnɔdixən nãr ...?]
ao restaurante	**een restaurant** [en rɛstɔ'ran]
ao cinema	**de bioscoop** [də bio'skōp]
ao teatro	**het theater** [hɛt te'ater]
passear	**een wandeling** [en 'wandəliŋ]

A que horas?	**Hoe laat?** [hu lãt?]
hoje à noite	**vanavond** [va'navɔnt]
às 6 horas	**om zes uur** [ɔm zɛs ūr]
às 7 horas	**om zeven uur** [ɔm 'zevən ūr]
às 8 horas	**om acht uur** [ɔm axt ūr]
às 9 horas	**om negen uur** [ɔm 'nexən ūr]

Gosta deste local?	**Vind u het hier leuk?** [vint ju ət hir 'løk?]
Está com alguém?	**Bent u hier met iemand?** [bɛnt ju hir mɛt i'mant?]
Estou com o meu amigo.	**Ik ben met mijn vriend.** [ik bɛn mɛt mɛjn vrint]

Estou com os meus amigos.	**Ik ben met mijn vrienden.** [ik bɛn mɛt mɛjn 'vrindən]
Não, estou sozinho /sozinha/.	**Nee, ik ben alleen.** [ik bɛn a'lēn]

Tens namorado?	**Heb jij een vriendje?** [hɛp jɛj en 'vrindje?]
Tenho namorado.	**Ik heb een vriendje.** [ik hɛp en 'vrindje]
Tens namorada?	**Heb jij een vriendin?** [hɛp jɛj en vrin'din?]
Tenho namorada.	**Ik heb een vriendin.** [ik hɛp en vrin'din]

Posso voltar a vêr-te?	**Kan ik je weer eens zien?** [kan ik je wēr ēns zin?]
Posso ligar-te?	**Mag ik je opbellen?** [max ik je ɔ'bɛlən?]
Liga-me.	**Bel me op.** [bɛl mə ɔp]
Qual é o teu número?	**Wat is je nummer?** [wat is je 'nʉmər?]
Tenho saudades tuas.	**Ik mis je.** [ik mis je]

Tem um nome muito bonito.	**U hebt een mooie naam.** [ju hɛpt en mōje nām]
Amo-te.	**Ik hou van jou.** [ik 'hau van 'jau]
Quer casar comigo?	**Wil je met me trouwen?** [wil je mɛt mə 'trauwən?]
Você está a brincar!	**Dat meen je niet!** [dat mēn je nit!]
Estou só a brincar.	**Grapje.** [xrapje]

Está a falar a sério?	**Meen je dat?** [mēn je dat?]
Estou a falar a sério.	**Ik meen het.** [ik mēn ət]
De verdade?!	**Heus waar?!** [høs wār?!]
Incrível!	**Dat is ongelooflijk!** [dat is ɔnxə'lōflək!]
Não acredito.	**Ik geloof je niet.** [ik xə'lōf je nit]
Não posso.	**Ik kan niet.** [ik kan nit]
Não sei.	**Ik weet het niet.** [ik wēt ət nit]
Não entendo o que está a dizer.	**Ik versta u niet.** [ik vər'sta ju nit]

Saia, por favor.

Ga alstublieft weg.
[xa alstʉ'blift wɛx]

Deixe-me em paz!

Laat me gerust!
[lãt mə xə'rʉst!]

Eu não o suporto.

Ik kan hem niet uitstaan.
[ik kan hɛm nit 'œʏtstãn]

Você é detestável!

U bent een smeerlap!
[ju bɛnt en 'smērlap!]

Vou chamar a polícia!

Ik ga de politie bellen!
[ik xa də po'litsi 'bɛlən!]

Partilha de impressões. Emoções

Gosto disto.	**Dat vind ik fijn.** [dat vint ik fɛjn]
É muito simpático.	**Heel mooi.** [hēl mōj]
Fixe!	**Wat leuk!** [wat 'løk!]
Não é mau.	**Dat is niet slecht.** [dat is nit slɛxt]

Não gosto disto.	**Daar houd ik niet van.** [dãr 'haut ik nit van]
Isso não está certo.	**Dat is niet goed.** [dat is nit xut]
Isso é mau.	**Het is slecht.** [hɛt is slɛxt]
Isso é muito mau.	**Het is heel slecht.** [hɛt is hēl slɛxt]
Isso é asqueroso.	**Het is smerig.** [hɛt is 'smerəx]

Estou feliz.	**Ik ben blij.** [ik bɛn blɛj]
Estou contente.	**Ik ben tevreden.** [ik bɛn təv'redən]
Estou apaixonado /apaixonada/.	**ik ben verliefd.** [ik bɛn vər'lift]
Estou calmo /calma/.	**Ik voel me rustig.** [ik vul mə 'rʉstəx]
Estou aborrecido /aborrecida/.	**Ik verveel me.** [ik vər'vēl mə]

Estou cansado /cansada/.	**Ik ben moe.** [ik bɛn mu]
Estou triste.	**Ik ben verdrietig.** [ik bɛn vər'dritəx]
Estou apavorado /apavorada/.	**Ik ben bang.** [ik bɛn baŋ]

Estou zangado /zangada/.	**Ik ben kwaad.** [ik bɛn kwãt]
Estou preocupado /preocupada/.	**Ik ben bezorgd.** [ik bɛn bə'zɔrxt]
Estou nervoso /nervosa/.	**Ik ben zenuwachtig.** [ik bɛn 'zenʉwaxtəx]

Estou ciumento /ciumenta/.

Ik ben jaloers.
[ik bɛn ja'lurs]

Estou surpreendido /surpreendida/.

Het verwondert me.
[hɛt vər'wɔndərt mə]

Estou perplexo /perplexa/.

Ik sta paf.
[ik sta paf]

Problemas. Acidentes

Tenho um problema.	**Ik heb een probleem.** [ik hɛp en prɔ'blēm]
Temos um problema.	**Wij hebben een probleem.** [wɛj 'hɛbən en prɔ'blēm]
Estou perdido.	**Ik ben de weg kwijt.** [ik bɛn də wɛx kwɛjt]
Perdi o último autocarro.	**Ik heb de laatste bus (trein) gemist.** [ik hɛp də 'lātstə bʊs (trɛjn) xə'mist]
Não me resta nenhum dinheiro.	**Ik heb geen geld meer.** [ik hɛp xēn xɛlt mēr]

Eu perdi ...	**Ik heb mijn ... verloren** [ik hɛp mɛjn ... vər'lorən]
Roubaram-me ...	**Iemand heeft mijn ... gestolen** [imant hēft mɛjn ... xəs'tɔlən]
o meu passaporte	**paspoort** [paspōrt]
a minha carteira	**portemonnee** [pɔrtəmɔ'nē]
os meus papéis	**papieren** [pa'pirən]
o meu bilhete	**kaartje** [kārtjə]

o dinheiro	**geld** [xɛlt]
a minha mala	**tas** [tas]
a minha camara	**camera** [kamərə]
o meu computador	**laptop** ['lɛptɔp]
o meu tablet	**tablet** [tab'lɛt]
o meu telemóvel	**mobieltje** [mɔ'biltjə]

Ajude-me!	**Help!** [hɛlp!]
O que é que aconteceu?	**Wat is er aan de hand?** [wat is ɛr ān də hant?]
fogo	**brand** [brant]

tiroteio	**er wordt geschoten** [ɛr wɔrt xəs'xɔtən]
assassínio	**moord** [mõrt]
explosão	**ontploffing** [ɔntp'lɔfiŋ]
briga	**gevecht** [xə'vɛxt]

Chame a polícia!	**Bel de politie!** [bɛl də pɔ'litsi!]
Mais depressa, por favor!	**Opschieten alstublieft!** [ɔpsxitən alstʉ'blift!]
Estou à procura de uma esquadra de polícia.	**Ik zoek het politiebureau.** [ik zuk ət pɔ'litsi bʉ'rɔ]
Preciso de telefonar.	**Ik moet opbellen.** [ik mut ɔ'bɛlən]
Posso telefonar?	**Mag ik uw telefoon gebruiken?** [max ik ʉw telə'fõn xə'brœʏkən?]

Fui ...	**Ik ben ...** [ik bɛn ...]
assaltado /assaltada/	**overvallen** [ɔvər'valən]
roubado /roubada/	**bestolen** [bəs'tɔlən]
violada	**verkracht** [vərk'raxt]
atacado /atacada/	**aangevallen** [ãnxəvalən]

Está tudo bem consigo?	**Gaat het?** [xãt ət?]
Viu quem foi?	**Hebt u gezien wie het was?** [hɛpt ju xə'zin wi ət was?]
Seria capaz de reconhecer a pessoa?	**Zou u de persoon kunnen herkennen?** [zau ju də pɛr'sõn 'kʉnən hɛr'kɛnən?]
Tem a certeza?	**Bent u daar zeker van?** [bɛnt ju dãr 'zekər van?]

Acalme-se, por favor.	**Rustig aan alstublieft.** [rʉstəx ãn alstʉ'blift]
Calma!	**Kalm aan!** [kalm ãn!]
Não se preocupe.	**Maak je geen zorgen!** [mãk je xẽn 'zɔrxən!]
Vai ficar tudo bem.	**Alles komt in orde.** [aləs kɔmt in 'ɔrdə]
Está tudo em ordem.	**Alles is in orde.** [aləs iz in 'ɔrdə]
Chegue aqui, por favor.	**Kom hier alstublieft.** [kɔm hir alstʉ'blift]

Tenho algumas questões a colocar-lhe.	**Ik heb een paar vragen voor u.** [ik hɛp ən pãr 'vraxən võr ju]
Aguarde um momento, por favor.	**Een ogenblikje alstublieft.** [en 'ɔxənblikjə alstʉ'blift]
Tem alguma identificação?	**Hebt u een ID-kaart?** [hɛpt ju ən aj'di-kãrt?]
Obrigado. Pode ir.	**Dank u. U mag nu vertrekken.** [dank ju. ju max nʉ vər'trɛkən]
Mãos atrás da cabeça!	**Handen achter uw hoofd!** [handən 'axtər ʉw hõft!]
Você está preso!	**U bent onder arrest!** [ju bɛnt 'ɔndər a'rɛst!]

Problemas de saúde

Ajude-me, por favor.
Kunt u mij helpen alstublieft?
[kʌnt ju mɛj 'hɛlpən alstʉ'blift]

Não me sinto bem.
Ik voel me niet goed.
[ik vul mə nit xut]

O meu marido não se sente bem.
Mijn man voelt zich niet goed.
[mɛjn man vult zix nit xut]

O meu filho ...
Mijn zoon ...
[mɛjn zōn ...]

O meu pai ...
Mijn vader ...
[mɛjn 'vadər ...]

A minha mulher não se sente bem.
Mijn vrouw voelt zich niet goed.
[mɛjn 'vrau vult zix nit xut]

A minha filha ...
Mijn dochter ...
[mɛjn 'dɔxtər ...]

A minha mãe ...
Mijn moeder ...
[mɛjn 'mudər ...]

Tenho uma ...
Ik heb ...
[ik hɛp ...]

dor de cabeça
hoofdpijn
[hōftpɛjn]

dor de garganta
keelpijn
[kēlpɛjn]

dor de barriga
maagpijn
[māxpɛjn]

dor de dentes
tandpijn
[tantpɛjn]

Estou com tonturas.
Ik voel me duizelig.
[ik vul mə 'dœyzələx]

Ele está com febre.
Hij heeft koorts.
[hɛj hēft kōrts]

Ela está com febre.
Zij heeft koorts.
[zɛj hēft kōrts]

Não consigo respirar.
Ik heb moeite met ademen.
[ik hɛp 'mujtə mɛt 'adəmən]

Estou a sufocar.
Ik ben kortademig.
[ik bɛn kɔ'rtadəməx]

Sou asmático /asmática/.
Ik ben astmatisch.
[ik bɛn astm'atis]

Sou diabético /diabética/.
Ik ben diabeet.
[ik bɛn 'diabēt]

Estou com insónia.

intoxicação alimentar

Ik kan niet slapen.
[ik kan nit 'slapən]

voedselvergiftiging
[vutsəl·vər'xiftəxiŋ]

Dói aqui.

Ajude-me!

Estou aqui!

Estamos aqui!

Tirem-me daqui!

Preciso de um médico.

Não me consigo mexer.

Não consigo mover as pernas.

Het doet hier pijn.
[hɛt dut hir pɛjn]

Help!
[hɛlp!]

Ik ben hier!
[ik bɛn hir!]

Wij zijn hier!
[wɛj zɛjn hir!]

Kom mij halen!
[kɔm mɛj 'halən!]

Ik heb een dokter nodig.
[ik hɛp en 'dɔktər 'nɔdəx]

Ik kan me niet bewegen.
[ik kan mə nit bə'wexən]

Ik kan mijn benen niet bewegen.
[ik kan mɛjn 'benən nit bə'wexən]

Estou ferido.

É grave?

Tenho os documentos no bolso.

Acalme-se!

Posso telefonar?

Ik heb een wond.
[ik hɛp en wɔnt]

Is het erg?
[iz ət ɛrx?]

Mijn documenten zijn in mijn zak.
[mɛjn dɔkʉ'mɛntən zɛjn in mɛjn zak]

Rustig maar!
[rʉstəx mār!]

Mag ik uw telefoon gebruiken?
[max ik ʉw telə'fōn xe'brœykən?]

Chame uma ambulância!

É urgente!

É uma emergência!

Mais depressa, por favor!

Chame o médico, por favor.

Onde fica o hospital?

Bel een ambulance!
[bɛl en ambʉ'lansə!]

Het is dringend!
[hɛt is 'driŋənt!]

Het is een noodgeval!
[hɛt is en 'nōtxəval!]

Opschieten alstublieft!
[ɔpsxitən alstʉ'blift!]

Kunt u alstublieft een dokter bellen?
[kʉnt ju alstʉ'blift en 'dɔktər 'bɛlən?]

Waar is het ziekenhuis?
[wār iz ət 'zikənhœys?]

Como se sente?

Está tudo bem consigo?

O que é que aconteceu?

Hoe voelt u zich?
[hu vult ju zix?]

Hoe gaat het?
[hu xāt ət?]

Wat is er gebeurd?
[wat is ɛr xə'børt?]

Já me sinto melhor.

Ik voel me nu wat beter.
[ik vul mə nʉ wat 'betər]

Está tudo em ordem.

Het is okay.
[hɛt is ɔ'kɛj]

Tubo bem.

Het gaat beter.
[hɛt xāt 'betər]

Na farmácia

farmácia	**apotheek** [apɔ'tēk]
farmácia de serviço	**dag en nacht apotheek** [dax en naxt apɔ'tēk]
Onde fica a farmácia mais próxima?	**Waar is de meest nabij gelegen apotheek?** [wār is də mēst na'bɛj xə'lexən apɔ'tēk?]

Está aberto agora?	**Is hij nu open?** [is hɛj nɵ 'ɔpən?]
A que horas abre?	**Hoe laat gaat hij open?** [hu lāt xāt hɛj 'ɔpən?]
A que horas fecha?	**Hoe laat sluit hij?** [hu lāt slœyt hɛj?]

Fica longe?	**Is het ver?** [iz ət vɛr?]
Posso ir até lá a pé?	**Kan ik er lopend naar toe?** [kan ik ɛr 'lɔpənt nār tu?]
Pode-me mostrar no mapa?	**Kunt u het op de plattegrond aanwijzen?** [kʉnt ju ət ɔp də platə'xrɔnt 'ānwɛjzən?]

Por favor dê-me algo para ...	**Geef mij alstublieft iets voor ...** [xēf mɛj alstɵ'blift its vōr ...]
as dores de cabeça	**hoofdpijn** [hōftpɛjn]
a tosse	**hoest** [hust]
o resfriado	**verkoudheid** [vər'kauthɛjt]
a gripe	**de griep** [də xrip]

a febre	**koorts** [kōrts]
uma dor de estômago	**maagpijn** [māxpɛjn]
as náuseas	**misselijkheid** ['misələkhɛjt]
a diarreia	**diarree** [dia'rē]

a constipação

constipatie
[kɔnsti'patsi]

as dores nas costas

rugpijn
[rʉxpɛjn]

as dores no peito

pijn in mijn borst
[pɛjn in mɛjn bɔrst]

a sutura

steek in de zij
[stēk in də zɛj]

as dores abdominais

pijn in mijn onderbuik
[pɛjn in mɛjn 'ɔndərbœʏk]

comprimido

pil
[pil]

unguento, creme

zalf, crème
[zalf, krɛ:m]

charope

stroop
[strōp]

spray

verstuiver
[vərstœʏvər]

dropes

druppels
[drʉpəls]

Você precisa de ir ao hospital.

U moet naar het ziekenhuis.
[ju mut nār ət 'zikənhœʏs]

seguro de saúde

ziektekostenverzekering
[ziktəkɔstən·vər'zekəriŋ]

prescrição

voorschrift
[vōrsxrift]

repelente de insetos

anti-insecten middel
[anti-in'sɛktən 'midəl]

penso rápido

pleister
['plɛjstər]

O minimo

Desculpe, ...   **Pardon, ...**
                       [par'dɔn, ...]
Olá!   **Hallo.**
                       [halɔ]
Obrigado /Obrigada/.   **Bedankt.**
                       [bə'dankt]
Adeus.   **Tot ziens.**
                       [tɔt zins]
Sim.   **Ja.**
                       [ja]
Não.   **Nee.**
                       [nē]
Não sei.   **Ik weet het niet.**
                       [ik wēt ət nit]
Onde? | Para onde? | Quando?   **Waar? | Waarheen? | Wanneer?**
                       [wār? | wār'hēn? | wa'nēr?]

Preciso de ...   **Ik heb ... nodig**
                       [ik hɛp ... 'nɔdəx]
Eu queria ...   **Ik wil ...**
                       [ik wil ...]
Tem ...?   **Hebt u ...?**
                       [hɛpt ju ...?]
Há aqui ...?   **Is hier een ...?**
                       [is hir en ...?]
Posso ...?   **Mag ik ...?**
                       [max ik ...?]
..., por favor   **... alstublieft**
                       [... alstʉ'blift]

Estou à procura de ... **Ik zoek ...**
                       [ik zuk ...]
casa de banho   **toilet**
                       [twa'lɛt]
Multibanco   **geldautomaat**
                       [xɛlt·autɔ'māt]
farmácia   **apotheek**
                       [apɔ'tēk]
hospital   **ziekenhuis**
                       [zikənhœys]
esquadra de polícia   **politiebureau**
                       [pɔl'litsi bʉ'rɔ]
metro   **metro**
                       ['metrɔ]

táxi	**taxi** [taksi]
estação de comboio	**station** [sta'tsjɔn]

Chamo-me ...	**Ik heet ...** [ik hēt ...]
Como se chama?	**Hoe heet u?** [hu hēt ju?]
Pode-me dar uma ajuda?	**Kunt u me helpen alstublieft?** [kʉnt ju mə 'hɛlpən alstʉ'blift?]
Tenho um problema.	**Ik heb een probleem.** [ik hɛp en prɔ'blēm]
Não me sinto bem.	**Ik voel me niet goed.** [ik vul mə nit xut]
Chame a ambulância!	**Bel een ambulance!** [bɛl en ambʉ'lansə!]
Posso fazer uma chamada?	**Mag ik opbellen?** [max ik ɔ'bɛlən?]

Desculpe.	**Sorry.** ['sɔri]
De nada.	**Graag gedaan.** [xrāx xə'dān]

eu	**Ik, mij** [ik, mɛj]
tu	**jij** [jɛj]
ele	**hij** [hɛj]
ela	**zij** [zɛj]
eles	**zij** [zɛj]
elas	**zij** [zɛj]
nós	**wij** [wɛj]
vocês	**jullie** ['juli]
você	**u** [ju]

ENTRADA	**INGANG** [inxaŋ]
SAÍDA	**UITGANG** [œʏtxaŋ]
FORA DE SERVIÇO	**BUITEN GEBRUIK** [bœʏtən xə'brœʏk]
FECHADO	**GESLOTEN** [xə'slɔtən]

ABERTO

PARA SENHORAS

PARA HOMENS

OPEN
['ɔpən]

DAMES
[daməs]

HEREN
['herən]

T&P BOOKS

MINI DICIONÁRIO

Esta secção contém 250
palavras úteis necessárias
para a comunicação do dia
a dia. Irá encontrar aqui os
nomes dos meses e dias
da semana. O dicionário
contém também temas como
cores, medidas, família e
muito mais

T&P Books Publishing

CONTEÚDO DO DICIONÁRIO

T&P Books Publishing

tempo (m)	**tijd (de)**	[tɛjt]
hora (f)	**uur (het)**	[ūr]
meia hora (f)	**halfuur (het)**	[half 'ūr]
minuto (m)	**minuut (de)**	[mi'nūt]
segundo (m)	**seconde (de)**	[se'kɔndə]
hoje	**vandaag**	[van'dāx]
amanhã	**morgen**	['mɔrxən]
ontem	**gisteren**	['xisterən]
segunda-feira (f)	**maandag (de)**	['māndax]
terça-feira (f)	**dinsdag (de)**	['dinsdax]
quarta-feira (f)	**woensdag (de)**	['wunsdax]
quinta-feira (f)	**donderdag (de)**	['dɔndərdax]
sexta-feira (f)	**vrijdag (de)**	['vrɛjdax]
sábado (m)	**zaterdag (de)**	['zatərdax]
domingo (m)	**zondag (de)**	['zɔndax]
dia (m)	**dag (de)**	[dax]
dia (m) de trabalho	**werkdag (de)**	['wɛrk·dax]
feriado (m)	**feestdag (de)**	['fēst·dax]
fim (m) de semana	**weekend (het)**	['wikənt]
semana (f)	**week (de)**	[wēk]
na semana passada	**vorige week**	['vɔrixə wēk]
na próxima semana	**volgende week**	['vɔlxəndə wēk]
de manhã	**'s morgens**	[s 'mɔrxəns]
à tarde	**'s middags**	[s 'midax]
à noite (noitinha)	**'s avonds**	[s 'avɔnts]
hoje à noite	**vanavond**	[va'navɔnt]
à noite	**'s nachts**	[s naxts]
meia-noite (f)	**middernacht (de)**	['midər·naxt]
janeiro (m)	**januari (de)**	[janʉ'ari]
fevereiro (m)	**februari (de)**	[febrʉ'ari]
março (m)	**maart (de)**	[mārt]
abril (m)	**april (de)**	[ap'ril]
maio (m)	**mei (de)**	[mɛj]
junho (m)	**juni (de)**	['juni]
julho (m)	**juli (de)**	['juli]
agosto (m)	**augustus (de)**	[au'xʉstʉs]

setembro (m)	september (de)	[sɛp'tɛmbər]
outubro (m)	oktober (de)	[ɔk'tobər]
novembro (m)	november (de)	[nɔ'vɛmbər]
dezembro (m)	december (de)	[de'sɛmbər]

na primavera	in de lente	[in də 'lɛntə]
no verão	in de zomer	[in də 'zɔmər]
no outono	in de herfst	[in də hɛrfst]
no inverno	in de winter	[in də 'wintər]

mês (m)	maand (de)	[mãnt]
estação (f)	seizoen (het)	[sɛj'zun]
ano (m)	jaar (het)	[jãr]

2. Números. Numeração

zero	nul	[nʉl]
um	een	[en]
dois	twee	[twẽ]
três	drie	[dri]
quatro	vier	[vir]

cinco	vijf	[vɛjf]
seis	zes	[zɛs]
sete	zeven	['zevən]
oito	acht	[axt]
nove	negen	['nexən]
dez	tien	[tin]

onze	elf	[ɛlf]
doze	twaalf	[twãlf]
treze	dertien	['dɛrtin]
catorze	veertien	['vẽrtin]
quinze	vijftien	['vɛjftin]

dezasseis	zestien	['zɛstin]
dezassete	zeventien	['zevəntin]
dezoito	achttien	['axtin]
dezanove	negentien	['nexəntin]

vinte	twintig	['twintəx]
trinta	dertig	['dɛrtəx]
quarenta	veertig	['vẽrtəx]
cinquenta	vijftig	['vɛjftəx]

sessenta	zestig	['zɛstəx]
setenta	zeventig	['zevəntəx]
oitenta	tachtig	['tahtəx]
noventa	negentig	['nexəntəx]
cem	honderd	['hɔndərt]

duzentos	tweehonderd	[twē·'hɔndərt]
trezentos	driehonderd	[dri·'hɔndərt]
quatrocentos	vierhonderd	[vir·'hɔndərt]
quinhentos	vijfhonderd	[vɛjf·'hɔndərt]

seiscentos	zeshonderd	[zɛs·'hɔndərt]
setecentos	zevenhonderd	['zevən·'hɔndərt]
oitocentos	achthonderd	[axt·'hɔndərt]
novecentos	negenhonderd	['nexən·'hɔndərt]
mil	duizend	['dœyzənt]

| dez mil | tienduizend | [tin·'dœyzənt] |
| cem mil | honderdduizend | ['hɔndərt·'dœyzənt] |

| um milhão | miljoen (het) | [mi'ljun] |
| mil milhões | miljard (het) | [mi'ljart] |

3. Humanos. Família

homem (m)	man (de)	[man]
jovem (m)	jongen (de)	['jɔŋən]
mulher (f)	vrouw (de)	['vrau]
rapariga (f)	meisje (het)	['mɛjçə]
velhote (m)	oude man (de)	['audə man]
velhota (f)	oude vrouw (de)	['audə 'vrau]

mãe (f)	moeder (de)	['mudər]
pai (m)	vader (de)	['vadər]
filho (m)	zoon (de)	[zōn]
filha (f)	dochter (de)	['dɔxtər]
irmão (m)	broer (de)	[brur]
irmã (f)	zuster (de)	['zʉstər]

pais (pl)	ouders	['audərs]
criança (f)	kind (het)	[kint]
crianças (f pl)	kinderen	['kindərən]
madrasta (f)	stiefmoeder (de)	['stif·mudər]
padrasto (m)	stiefvader (de)	['stif·vadər]

avó (f)	oma (de)	['ɔma]
avô (m)	opa (de)	['ɔpa]
neto (m)	kleinzoon (de)	[klɛjn·zōn]
neta (f)	kleindochter (de)	[klɛjn·'dɔxtər]
netos (pl)	kleinkinderen	[klɛjn·'kindərən]

tio (m)	oom (de)	[ōm]
tia (f)	tante (de)	['tantə]
sobrinho (m)	neef (de)	[nēf]
sobrinha (f)	nicht (de)	[nixt]
mulher (f)	vrouw (de)	['vrau]

marido (m)	man (de)	[man]
casado	gehuwd	[xə'hʉwt]
casada	gehuwd	[xə'hʉwt]
viúva (f)	weduwe (de)	['wedʉwə]
viúvo (m)	weduwnaar (de)	['wedʉwnãr]

| nome (m) | naam (de) | [nãm] |
| apelido (m) | achternaam (de) | ['axtər·nãm] |

parente (m)	familielid (het)	[fa'mililit]
amigo (m)	vriend (de)	[vrint]
amizade (f)	vriendschap (de)	['vrintsxap]

parceiro (m)	partner (de)	['partnər]
superior (m)	baas (de)	[bãs]
colega (m)	collega (de)	[kɔ'lexa]
vizinhos (pl)	buren	['bʉrən]

4. Corpo humano

corpo (m)	lichaam (het)	['lixãm]
coração (m)	hart (het)	[hart]
sangue (m)	bloed (het)	[blut]
cérebro (m)	hersenen	['hɛrsənən]

osso (m)	been (het)	[bẽn]
coluna (f) vertebral	ruggengraat (de)	['rʉxə·xrãt]
costela (f)	rib (de)	[rib]
pulmões (m pl)	longen	['lɔŋən]
pele (f)	huid (de)	['hœʏt]

cabeça (f)	hoofd (het)	[hõft]
cara (f)	gezicht (het)	[xə'ziht]
nariz (m)	neus (de)	['nøs]
testa (f)	voorhoofd (het)	['võrhõft]
bochecha (f)	wang (de)	[waŋ]

boca (f)	mond (de)	[mɔnt]
língua (f)	tong (de)	[tɔŋ]
dente (m)	tand (de)	[tant]
lábios (m pl)	lippen	['lipən]
queixo (m)	kin (de)	[kin]

orelha (f)	oor (het)	[õr]
pescoço (m)	hals (de)	[hals]
olho (m)	oog (het)	[õx]
pupila (f)	pupil (de)	[pʉ'pil]
sobrancelha (f)	wenkbrauw (de)	['wɛnk·brau]
pestana (f)	wimper (de)	['wimpər]
cabelos (m pl)	haren	['harən]

penteado (m)	kapsel (het)	['kapsəl]
bigode (m)	snor (de)	[snɔr]
barba (f)	baard (de)	[bārt]
usar, ter (~ barba, etc.)	dragen	['draxən]
calvo	kaal	[kāl]

mão (f)	hand (de)	[hant]
braço (m)	arm (de)	[arm]
dedo (m)	vinger (de)	['viŋər]
unha (f)	nagel (de)	['naxəl]
palma (f) da mão	handpalm (de)	['hantpalm]

ombro (m)	schouder (de)	['sxaudər]
perna (f)	been (het)	[bēn]
joelho (m)	knie (de)	[kni]
talão (m)	hiel (de)	[hil]
costas (f pl)	rug (de)	[rʉx]

5. Vestuário. Acessórios pessoais

roupa (f)	kleren (mv.)	['klerən]
sobretudo (m)	jas (de)	[jas]
casaco (m) de peles	bontjas (de)	[bɔnt jas]
casaco, blusão (m)	jasje (het)	['jaɕə]
impermeável (m)	regenjas (de)	['rexən jas]

camisa (f)	overhemd (het)	['ɔvərhɛmt]
calças (f pl)	broek (de)	[bruk]
casaco (m) de fato	colbert (de)	['kɔlbər]
fato (m)	kostuum (het)	[kɔs'tūm]

vestido (ex. ~ vermelho)	jurk (de)	[jurk]
saia (f)	rok (de)	[rɔk]
T-shirt, camiseta (f)	T-shirt (het)	['tiʃət]
roupão (m) de banho	badjas (de)	['batjas]
pijama (m)	pyjama (de)	[pi'jama]
roupa (f) de trabalho	werkkleding (de)	['wɛrk·'kledɪŋ]

roupa (f) interior	ondergoed (het)	['ɔndərxut]
peúgas (f pl)	sokken	['sɔkən]
sutiã (m)	beha (de)	[be'ha]
meias-calças (f pl)	panty (de)	['pɛnti]
meias (f pl)	nylonkousen	['nɛjlɔn·'kausən]
fato (m) de banho	badpak (het)	['bad·pak]

chapéu (m)	hoed (de)	[hut]
calçado (m)	schoeisel (het)	['sxuisəl]
botas (f pl)	laarzen	['lārzən]
salto (m)	hiel (de)	[hil]
atacador (m)	veter (de)	['vetər]

graxa (f) para calçado	schoensmeer (de/het)	['sxun·smēr]
luvas (f pl)	handschoenen	['xand 'sxunən]
mitenes (f pl)	wanten	['wantən]
cachecol (m)	sjaal (de)	[çāl]
óculos (m pl)	bril (de)	[bril]
guarda-chuva (m)	paraplu (de)	[parap'lʉ]

gravata (f)	das (de)	[das]
lenço (m)	zakdoek (de)	['zagduk]
pente (m)	kam (de)	[kam]
escova (f) para o cabelo	haarborstel (de)	[hār·'bɔrstəl]

fivela (f)	gesp (de)	[xɛsp]
cinto (m)	broekriem (de)	['bruk·rim]
bolsa (f) de senhora	damestas (de)	['daməs·tas]

6. Casa. Apartamento

apartamento (m)	appartement (het)	[apartə'mɛnt]
quarto (m)	kamer (de)	['kamər]
quarto (m) de dormir	slaapkamer (de)	['slāp·kamər]
sala (f) de jantar	eetkamer (de)	[ēt·'kamər]

sala (f) de estar	salon (de)	[sa'lɔn]
escritório (m)	studeerkamer (de)	[stu'dēr·'kamər]
antessala (f)	gang (de)	[xaŋ]
quarto (m) de banho	badkamer (de)	['bat·kamər]
quarto (m) de banho	toilet (het)	[tua'lɛt]

aspirador (m)	stofzuiger (de)	['stɔf·zœyxər]
esfregona (f)	zwabber (de)	['zwabər]
pano (m), trapo (m)	poetsdoek (de)	['putsduk]
vassoura (f)	veger (de)	['vexər]
pá (f) de lixo	stofblik (het)	['stɔf·blik]

mobiliário (m)	meubels	['møbəl]
mesa (f)	tafel (de)	['tafəl]
cadeira (f)	stoel (de)	[stul]
cadeirão (m)	fauteuil (de)	[fɔ'tøj]

espelho (m)	spiegel (de)	['spixəl]
tapete (m)	tapijt (het)	[ta'pɛjt]
lareira (f)	haard (de)	[hārt]
cortinas (f pl)	gordijnen	[xɔr'dɛjnən]
candeeiro (m) de mesa	bureaulamp (de)	[bʉ'rɔ·lamp]
lustre (m)	luchter (de)	['lʉxtər]

cozinha (f)	keuken (de)	['køkən]
fogão (m) a gás	gasfornuis (het)	[xas·fɔr'nœys]
fogão (m) elétrico	elektrisch fornuis (het)	[ɛ'lɛktris fɔr'nœys]

forno (m) de micro-ondas	**magnetronoven (de)**	['mahnetrɔn·'ɔvən]
frigorífico (m)	**koelkast (de)**	['kul·kast]
congelador (m)	**diepvriezer (de)**	[dip·'vrizər]
máquina (f) de lavar louça	**vaatwasmachine (de)**	['vātwas·ma'ʃinə]
torneira (f)	**kraan (de)**	[krān]
moedor (m) de carne	**vleesmolen (de)**	['vlēs·mɔlən]
espremedor (m)	**vruchtenpers (de)**	['vrʉxtən·pɛrs]
torradeira (f)	**toaster (de)**	['tōstər]
batedeira (f)	**mixer (de)**	['miksər]
máquina (f) de café	**koffiemachine (de)**	['kɔfi·ma'ʃinə]
chaleira (f)	**fluitketel (de)**	['flœʏt·'ketəl]
bule (m)	**theepot (de)**	['tē·pɔt]
televisor (m)	**televisie (de)**	[tele'vizi]
videogravador (m)	**videorecorder (de)**	['videɔ·re'kɔrdər]
ferro (m) de engomar	**strijkijzer (het)**	['strɛjk·ɛjzər]
telefone (m)	**telefoon (de)**	[tele'fōn]

www.ingramcontent.com/pod-product-compliance
Lightning Source LLC
Chambersburg PA
CBHW070838050426

42452CB00011B/2335